JAPANISCHE

KÜCHE

FÜR ZWEI

京

JAPANISCHE

KÜCHE

FÜR ZWEI

Original japanische
Gerichte, einfach in der Zubereitung

Kurumi Hayter

KÖNEMANN

Meinem Mann Simon gewidmet,
der mich ermutigt und unterstützt hat.
Ein ganz besonderer Dank gilt meiner Mutter Keiko.

This book was designed and produced by
Quintet Publishing Limited
6 Blundell Street
London N7 9BH

CREATIVE DIRECTOR: *Richard Dewing*
DESIGNER: *Simon Balley*
PROJECT EDITOR: *Diana Steedman*
EDITOR: *Deborah Taylor*
PHOTOGRAPHER: *David Armstrong*

Original title: Japanese Cooking for Two

Bonner Str. 126, 50968 Köln
Satz und Redaktion der deutschen Ausgabe: Birgit Beyer, Köln
Übersetzung aus dem Englischen: Andrea Busch, Groß-Zimmern
Druck und Bindung: Leefung-Asco Printers Ltd
Printed in China
ISBN 3-89508-524-3

10 9 8 7 6 5 4 3 2

Der Verlag dankt der Firma Také Ltd,
Camden Town, London,
dem Asuka Japanese Restaurant, Baker Street, London
und Frau Yuko Hishitani, die Geschirr für die Fotos
zur Verfügung gestellt hat.

INHALT

VORWORT

Das Interesse an der asiatischen Küche hat in den letzten Jahren in erstaunlichem Maße zugenommen. Deshalb ist es nicht verwunderlich, daß man in den Regalen der Buchhandlungen jetzt so oft Bücher über Thai- oder indonesische Küche – um nur zwei zu nennen – findet. Weniger verständlich ist jedoch, daß viele Menschen nur zwei japanische Gerichte – tempura *und* sushi *– zu kennen scheinen. Man hält die japanische Küche immer noch für eine esoterische Kunst, die zu beherrschen es Jahre des Trainings und der Erfahrung braucht. Dieses Mißverständnis ist bedauerlich, da die japanische Küche nicht nur – wie die Küchen aller asiatischen Länder – über eine große Bandbreite an Geschmacksrichtungen und Zutaten verfügt, sondern viele Gerichte auch einfach und schnell zubereitet sind. Dieses Buch möchte Ihnen eine große Auswahl an köstlichen Rezepten vorstellen, für die Sie keine besonderen Fähigkeiten benötigen. Ich wünsche Ihnen, daß für Sie sowohl die Zubereitung als auch der Genuß der hier dargebotenen Rezepte zu einer vergnüglichen und interessanten Erfahrung wird.*

EINFÜHRUNG

AROMEN UND GEWÜRZE DER JAPANISCHEN KÜCHE

Für die drei grundlegenden Geschmacksrichtungen der japanischen Küche – süß, sauer und salzig – verwendet man eine oder mehrere der folgenden Zutaten:

- Sojasoße
- *miso* (fermentierte Sojabohnenpaste)
- *sake* (japanischer Reiswein)
- *mirin* (eine zuckerhaltige *sake*-Variante)
- *dashi* (eine japanische Brühe aus getrocknetem Thunfisch oder getrocknetem Seetang oder einer Mischung aus beidem, je nach gewünschtem Aroma)
- Meersalz
- feiner Zucker

GRUNDLEGENDE ARBEITSTECHNIKEN

Einer der größten Vorteile der japanischen Küche besteht darin, daß Sie nur in wenige spezielle Gerätschaften zu investieren brauchen. In vielen Fällen können Sie die Ihnen vertrauten Küchengeräte benutzen. Was die Zutaten betrifft, genügt es für die meisten Rezepte in diesem Buch, sich eine Flasche japanische Sojasoße sowie *sake, mirin* und etwas Instant-*dashi* zu besorgen. *Mirin* und *dashi* sind in vielen Reformhäusern sowie in japanischen und chinesischen Lebensmittelgeschäften erhältlich.
In der japanischen Küche kommen vor allem die drei folgenden Zubereitungsmethoden zur Anwendung:

Grillen oder ***YAKI-MONO***

Grillen ist die schnellste der japanischen Zubereitungsarten. Meistens werden Fleisch, Fisch oder Gemüse vor dem Grillen auf Spieße gesteckt. Fisch wird vor dem Grillen oft großzügig mit Salz bestreut. In vielen Fällen wird das Grillgut vorher in einer Marinade eingelegt, und manchmal wird es auch während des Grillens mit einer Soße oder einer Flüssigkeit bepinselt.

Garen oder ***NI-MONO***

Ni-mono-Gerichte bestehen häufig aus einer Mischung von Fleisch und Gemüse oder Fisch und Gemüse, seltener nur aus Fisch oder Gemüse. Für manche *ni-mono*-Gerichte wird Brühe angegossen, bei anderen ziehen die Zutaten nur in Sojasoße, *mirin* und gelegentlich Zucker oder *sake*, um das Aroma zu unterstreichen.

Fritieren oder ***AGE-MONO***

Tempura ist vermutlich die bekannteste Botschafterin der japanischen Küche. Es gibt jedoch noch viele andere fritierte Gerichte – mit Gemüse, Fisch und Fleisch – im kulinarischen Repertoire dieses Landes. Vor dem Fritieren werden die Zutaten entweder in einen Mehlteig getaucht – wie bei *tempura* – oder in Kartoffelmehl oder Semmelbröseln gewälzt.

FLEISCH VORBEREITEN

In der japanischen Küche wird Fleisch meist sehr dünn geschnitten. Dadurch sehen selbst kleine Mengen nach mehr aus. Außerdem werden die dünnen Scheiben schneller gar. Wenn Sie kein dünn geschnittenes Fleisch bekommen können, bitten Sie Ihren Metzger, es für Sie zu schneiden oder lassen Sie das Fleisch im Gefrierschrank anfrieren und schneiden es dann selbst.

GEMÜSE VORBEREITEN

Es gibt drei verschiedene Schneidearten für Gemüse:

1 *Ran giri* (in beliebig große Stücke schneiden): Das geschälte Gemüse während des Schneidens hin- und herrollen, so daß asymmetrische Stücke entstehen.

2 *Naname wa-giri* (diagonal schneiden): Durch diese Art zu schneiden werden die Stücke größer.

3 *Sengiri* (in Stifte schneiden): Größere Stücke werden in streichholzförmige Stifte geschnitten.

GUTES BENEHMEN BEI TISCH

Stäbchen, *o-hashi* genannt, sind eine der vielen chinesischen Erfindungen, die Eingang in die japanische Kultur fanden und von ihr integriert wurden. Mit Stäbchen zu essen ist nicht schwieriger, als mit Messer und Gabel umzugehen – man muß nur wissen, wie man sie korrekt hält. Wenn Sie die folgenden Bilder betrachten und den Anweisungen folgen, lernen Sie schnell, die *o-hashi* zu handhaben.

❶ Das untere Stäbchen wird zwischen der Spitze des Ringfingers, dem inneren Daumengelenk und dem Knöchel des Zeigefingers festgeklemmt. Es bleibt während des Essens immer in dieser Position.

❷ Das obere Stäbchen wird mit den Spitzen des Mittel- und Zeigefingers festgehalten, so daß es beweglich ist und in Verbindung mit dem unteren, festen Stäbchen zupacken und loslassen kann.

Hier sind ein paar Grundregeln für gutes Benehmen bei Tisch:

- Halten Sie die Stäbchen nicht über eine Schüssel, solange Sie noch überlegen, was Sie essen möchten (*mayoi-bashi*).
- Spießen Sie das Essen niemals mit den Stäbchen auf (*sashi-bashi*).
- Verwenden Sie die Stäbchen nie, um eine Schüssel heranzuziehen oder wegzuschieben (*yose-bashi*).
- Geben Sie niemals Essen von Stäbchen zu Stäbchen weiter, weil sich darin der buddhistische Umgang mit den Gebeinen der Toten widerspiegelt (*hashi-watashi*).
- Halten Sie Ihre Reisschüssel in der linken Hand und die Stäbchen in der rechten. Für Linkshänder gilt die umgekehrte Anordnung.
- Führen Sie bei einem offiziellen Essen niemals etwas aus einer Gemeinschaftsschüssel direkt in den Mund. Legen Sie das Gewünschte statt dessen aus der großen Schüssel in eine kleine, die für Ihren persönlichen Bedarf gedacht ist, und essen Sie es aus dieser Schüssel.
- Japanische Nudeln dürfen genüßlich geschlürft werden, wobei man die Nudeln mit den Stäbchen hält. Japanische Suppen, oder *sui-mono,* sollten wesentlich zurückhaltender getrunken werden.

VORBEREITEN UND SERVIEREN EINER JAPANISCHEN MAHLZEIT

Der westliche Brauch, eine Mahlzeit als Reihenfolge verschiedener Gänge zu servieren, ist der traditionellen japanischen Küche fremd. Alle Gerichte eines japanischen Mahles werden gleichzeitig gereicht – mit Ausnahme des Desserts, das nicht als fester Bestandteil der Hauptmahlzeit gilt, auch wenn häufig zum Abschluß frische Früchte zusammen mit grünem Tee serviert werden. Zu einer richtigen japanischen Hauptmahlzeit wird immer Reis, eine Suppe und eine kleine Schüssel mit eingelegtem Gemüse gereicht. Dazu gehört ein Hauptgericht mit Fisch oder Fleisch und eine kleine Beilage. Hat man Gäste, kommt zum Beispiel noch eine Beilage dazu, je nach Anlaß auch ein zweites Hauptgericht. Ein guter Gastgeber wird die Gerichte so geschickt kombinieren, daß sich darin so viele verschiedene Aromen, Konsistenzen und Zubereitungsarten wie möglich wiederfinden.

Zum Beispiel könnte man für ein Essen mit Gästen folgende Gerichte kombinieren: gegrillter Fisch und fritierte Hähnchenstücke als Hauptgerichte, geschmorte Sojabohnen und Spinat mit Sesam und Sojasoße als Beilagen und dazu Reis, eine Suppe und eine kleine Schüssel eingelegtes Gemüse. Vielleicht wundern Sie sich, wie ein Koch es fertigbringt, so viele verschiedene Gerichte gleichzeitig zuzubereiten und zu servieren. Die Antwort darauf ist einfach: Die Gerichte sind meist schon fertig vorbereitet. Einige werden vor dem Servieren wieder erhitzt, andere eher warm als heiß gereicht. Ausnahmen sind zum Beispiel Gerichte, die am Tisch zubereitet werden wie *sukiyaki* sowie Suppen und Nudeln, die immer frisch und heiß sein sollten.

Japanische Getränke

Heutzutage wird *sake*, der traditionelle japanische Reiswein, nicht mehr so häufig zum Essen getrunken wie früher. Viele Japaner greifen mittlerweile lieber zu einem Bier. Die alkoholfreie Alternative dazu ist grüner Tee, *o-cha* genannt.

JAPANISCHE FISCHBRÜHE

DASHI

Dashi, die japanische Fischbrühe, ist ein wesentlicher Bestandteil der japanischen Küche. Sie kann aus *katsuobushi* (zerpflückter *Bonito*-Thunfisch) oder *konbu* (getrockneter Seetang) hergestellt werden. Manche *dashis* bestehen aus einer Kombination beider Varianten, und diese Art soll hier vorgestellt werden. Man unterscheidet zwischen »Premier-*dashi*«, die für die japanischen Kraftbrühen *chawan mushi* und für *miso*-Suppen benutzt wird, und »normale« *dashi*, die sehr gut zu kurzgebratenen Gerichten und Nudeln paßt oder als Ergänzung zu Premier-*dashi* benutzt wird.

PREMIER-DASHI
ERGIBT 800 ML SUPPE
1 l Wasser
1 konbu*-Streifen, 15 cm lang, in 3 Stücke geschnitten*
30 g Bonito*-Flocken, getrocknet*

NORMALE DASHI
ERGIBT 1 L SUPPE
1,2 l Wasser
konbu *und* Bonito*-Flocken (von der* Premier-dashi*), getrocknet*
15 g Bonito*-Flocken, getrocknet*

❶ Das Wasser in einen Topf geben und mit dem *konbu* bei mittlerer Hitze zum Kochen bringen. Kurz vor dem Kochen den *konbu* herausnehmen und die *Bonito*-Flocken hineingeben. Wenn das Wasser sprudelt und die Fischflocken nach oben kommen, Hitze abschalten und warten, bis die Flocken wieder abgesunken sind.

❶ Wasser, *konbu* und *Bonito*-Flocken von der Premier-*dashi* sowie die getrockneten *Bonito*-Flocken in einem Topf zum Kochen bringen und bei mittlerer Hitze köcheln, bis die Flüssigkeit auf etwa zwei Drittel eingekocht ist. Anschließend durch ein Tuch oder einen großen Kaffeefilter gießen.

❷ Der *konbu* und die *Bonito*-Flocken können aufbewahrt und zu einem späteren Zeitpunkt für die normale *dashi* verwendet werden.

DASHI-KONZENTRAT

*Aus gefriergetrocknetem Konzentrat hergestellte »Instant*dashi*« ist eine gebräuchliche Alternative, um die kein Aufhebens gemacht wird. Allerdings gehen die Meinungen darüber auseinander, ob sie der echten Brühe ebenbürtig ist oder nicht.*

Dashi*-Konzentrat bereitet man wie folgt zu: 1 gehäuften TL Konzentrat in einem Topf mit 1/2 l kalten Wassers verrühren und aufkochen.*

MISO-SUPPE mit *Wakame* und Zwiebeln

WAKAME TO TAMA-NEGI NO MISO-SHIRU

M*iso shiru* ist erstaunlich leicht zuzubereiten. In Verbindung mit einem Hauptgericht und einer Schale Reis wird sie zum Frühstück, Mittag- oder Abendessen gereicht.

Wakame (Seekohl) und Tofu sind die beiden gebräuchlichsten Zutaten der Suppe. Sie werden entweder allein oder in Verbindung mit frischen, kleingeschnittenen Gemüsen benutzt. Jeder Haushalt hat seine eigenen Lieblingskombinationen, und so kann *miso*-Suppe je nach Geschmack der jeweiligen Familie sehr unterschiedlich zubereitet sein.

Anders als im Westen schlürft man in Japan die Suppe aus einem Schüsselchen und führt dabei den Tofu und die Gemüsestückchen mit den Stäbchen zum Mund.

ZUTATEN

500 *ml* dashi (*siehe S. 13*)

1/2 *mittelgroße Zwiebel, in Ringe geschnitten*

2 *TL* wakame

2 *EL* miso-*Paste*

❶ *Dashi* und Zwiebelringe in einen Topf geben. Zum Kochen bringen und garen, bis die Zwiebeln glasig sind.

❷ *Wakame* hinzufügen und einige Minuten weiterköcheln lassen, bis der Seekohl aufquillt.

❸ *Miso*-Paste mit einem Schneebesen einrühren und die Suppe aufkochen lassen. 1–2 Minuten weiterkochen lassen und sofort servieren.

MISO-SUPPE mit weichem Tofu und Frühlingszwiebeln

KINU DOFU TO NEGI NO MISO-SHIRU

In der japanischen Küche werden hauptsächlich zwei Sorten Tofu benutzt, *kinu dofu* (weicher Tofu) und *momen dofu* (fester Tofu). Wie der Name schon sagt, hat *kinu dofu* eine sehr weiche, geschmeidige Konsistenz, während *momen dofu* eine festere und gröbere Struktur besitzt. Für *miso*-Suppen nimmt man normalerweise *kinu dofu*.

ZUTATEN

500 ml dashi (siehe S. 13)
100 g weicher Tofu, in 1 cm große Würfel geschnitten
3 Frühlingszwiebeln, gehackt
2 EL miso-Paste

1. *Dashi* und Tofu in einem Topf zum Kochen bringen und 4–5 Minuten weiterköcheln lassen.
2. Frühlingszwiebeln zufügen. Nach einer weiteren Minute die *miso*-Paste mit einem Schneebesen einrühren, bis sie sich ganz aufgelöst hat. Kurz aufkochen und sofort servieren.

KRAFTBRÜHE mit Eiern und Lauch

TAMAGO NO SUMASHI JIRU

Diese klare Suppe wird normalerweise zu *sushi*-Gerichten serviert. Sie hat ein ganz besonderes Aroma. Die Verwendung von Shiitake, einer asiatischen Pilzart, verleiht ihr eine außergewöhnliche Note. Der Lauch sollte nicht zu lange kochen, damit er nicht zu weich wird.

ZUTATEN

500 ml dashi (siehe S. 13)
1 Stück Lauch, 2,5 cm lang, halbiert und in feine Streifen geschnitten
3 Shiitake-Pilze, blättrig geschnitten
1/2 TL Salz
1 Spritzer Sojasoße
1 Ei, verquirlt

❶ *Dashi* in einem Topf zum Kochen bringen. Lauch, Pilze, Salz und Sojasoße zugeben und 3–4 Minuten köcheln lassen.

❷ Das verquirlte Ei nach und nach zugießen, dabei ständig rühren, damit sich keine Klümpchen bilden. Sofort servieren.

RINDFLEISCH mit Kartoffeln

GYUNIKU NO NIKU-JAGA

Dieses Gericht gehört zu denen, die in Japan als Gericht »nach Mutters Art« bezeichnet werden.

ZUTATEN

2 EL Wasser

1 ½ EL sake

2 EL feiner Zucker

2 EL Sojasoße

225 g dünne Rindfleischscheiben, in 5 cm lange Stücke geschnitten

250 g Kartoffeln, geschält und in mundgerechte Stücke geschnitten

85 g Erbsen, tiefgefroren

❶ Wasser, *sake*, Zucker und Sojasoße in einem Topf zum Kochen bringen.

❷ Fleisch dazugeben und garen, bis es braun wird. Fleisch herausnehmen und beiseite stellen. Kartoffeln in den Topf geben und zugedeckt ca. 10 Minuten weich kochen. Erbsen dazugeben und weitere 3 Minuten köcheln lassen.

❸ Fleisch zufügen und noch etwa 3 Minuten garen. Heiß mit einer Schüssel Reis und ein oder zwei Gemüsebeilagen servieren.

HAMBURGER mit Shiitake-Soße

BEEF HAMBURGER NO SHIITAKE SAUSU

Hier handelt es sich um eine zeitgemäße Kombination aus westlicher Zubereitungsart und japanischem Geschmack. Die Soße vereinigt das delikate Aroma der Shiitake-Pilze mit dem würzigen Geschmack von Ingwer und Sojasoße.

ZUTATEN
1 EL Pflanzenöl
1 kleine Zwiebel, feingehackt
1 Scheibe Roggenbrot, zerkrümelt
1 1/2 EL Milch
225 g Rinderhackfleisch
1/2 TL Salz
schwarzer Pfeffer, frisch gemahlen
1/2 Ei, verquirlt

FÜR DIE SHIITAKE-SOSSE
50 g Shiitake-Pilze, blättrig geschnitten
150 ml Wasser
1 EL sake
1 EL Sojasoße
Ingwerwurzel, 1,5 cm lang, geschält
2 TL Maismehl

1. Zwiebeln in einer Bratpfanne mit 2 TL Öl goldbraun anbraten. Brotkrümel 3 Minuten in Milch einweichen. Ingwer raspeln und den Saft auspressen.

2. Fleisch, Zwiebeln, Gewürze und Ei in einer Schüssel sorgfältig verkneten.

3. Den Teig halbieren und mit angefeuchteten Händen zu Burgern formen.

4. Das restliche Öl in der Bratpfanne erhitzen und die Hamburger etwa 5 Minuten auf jeder Seite durchbraten. Herausnehmen und beiseite stellen.

5. Die Shiitake-Pilze mit dem Wasser, *sake*, Ingwersaft und der Sojasoße in die Bratpfanne geben. Mit Salz und Pfeffer würzen. Zum Kochen bringen und nach 1 Minute mit dem in ein wenig Wasser verrührten Maismehl andicken. Über die Hamburger gießen und servieren.

STEAK mit Knoblauch und Sojasoße

STEAK NO NIN-NIKU SAUSU

Ein Stück Fleisch nach westlicher und eine Soße nach japanischer Art – das paßt gut zusammen. Beachten Sie bitte, daß die vorgegebenen Bratzeiten von der Fleischdicke und von persönlichen Vorlieben abhängig sind. Sie können dieses Gericht wahlweise mit japanischen Beilagen oder mit westlichen Gemüsen servieren.

ZUTATEN

2 Lenden- oder Rumpsteaks à 150–200 g
schwarzer Pfeffer, frisch gemahlen
1 EL Pflanzenöl
5 Knoblauchzehen, in dünne Scheiben geschnitten
1 EL sake
15 g Butter
1 EL Sojasoße

❶ Fleisch auf beiden Seiten leicht klopfen, dann mit Pfeffer würzen.

❷ Das Öl in einer Bratpfanne erhitzen und den Knoblauch kurz anbraten. Herausnehmen und beiseite stellen.

❸ Die Steaks auf beiden Seiten leicht anbraten, *sake* hinzufügen und noch einmal jeweils 1 Minute weiterbraten. Die Steaks auf eine vorgewärmte Servierplatte legen.

❹ Knoblauch mit Butter und Sojasoße wieder in die Pfanne geben. Wenn die Mischung Blasen wirft, über die Steaks gießen. Sofort servieren.

EMPFOHLENE BRATZEITEN

Für ein Steak von 150–200 g
Blutig: 3 Minuten pro Seite
Rosig: 4 Minuten pro Seite
Durchgebraten: 6 Minuten pro Seite

SCHWEINEFLEISCH in Ingwer mit Zwiebeln

BUTA-NIKU NO SHOUGA YAKI

Die süßen und scharfen Aromen der Sojasoße und der Ingwermarinade kommen durch das Schweinefleisch besonders gut zur Geltung. *Buta-niku no shouga yaki* ist leicht vorzubereiten und im Handumdrehen fertig.

ZUTATEN
225 g Schweinefleisch, in 5 cm lange, dünne Stücke geschnitten
1 EL Pflanzenöl
1 mittelgroße Zwiebel, in halbe Ringe geschnitten
FÜR DIE MARINADE
25 g Ingwerwurzel, geschält, geraspelt und ausgepreßt
1 ½ EL Sojasoße
1 EL sake

1. Für die Marinade Ingwersaft, Sojasoße und *sake* in einer Schüssel mischen.

2. Das Fleisch in einer Schüssel 30 Minuten marinieren. Das Öl in einer Bratpfanne erhitzen und die Zwiebeln darin glasig dünsten. Herausnehmen und beiseite stellen.

3. Das Fleisch in der Pfanne in etwa 5 Minuten gar braten.

4. Die Zwiebeln wieder dazugeben und unter Rühren weitere 1–2 Minuten braten.

5. Marinade angießen und in 1–2 Minuten unter Rühren erhitzen. Mit einer Schüssel heißem Reis servieren.

SCHWEINEBAUCH

DAIKON TO BARA-NIKU NO UMA-NI

Schmoren hebt das Aroma der Zutaten hervor und ist daher in der japanischen Küche sehr beliebt. Zum japanischen Riesenrettich, dem *daikon,* gibt es ein europäisches Pendant, den *mouli* (italienischer Riesenrettich). Er ist wasserhaltiger und daher leichter zu kochen. Im Geschmack unterscheiden sie sich jedoch kaum.

ZUTATEN

2 TL Pflanzenöl
225 g Schweinebauch, in 1 cm breite Stücke geschnitten
25 g mouli, *geschält und in mundgerechte Stücke geschnitten*
3 EL sake
2 EL Sojasoße

❶ Öl in einem Topf erhitzen und die Fleischstücke darin anbräunen.

❷ Den Rettich dazugeben und gut umrühren. Den *sake* zugießen und bei geschlossenem Topf 10 Minuten garen.

❸ Die Sojasoße zugeben und weitere 5 Minuten zugedeckt garen. Mit einer Schüssel Reis servieren.

SCHWEINELENDENSTEAK

TONKATSU

Dies ist eines der beliebtesten Gerichte der modernen japanischen Küche. Es wird gewöhnlich mit gehobeltem Kohl serviert und mit Tomatenketchup, dunkler Soße und/oder Senf verfeinert.

ZUTATEN

2 Schweinelendensteaks à 150–200 g
2 EL Mehl
1 Ei, verquirlt
2–3 EL Paniermehl (Semmelbrösel)
Pflanzenöl zum Fritieren

1. Fleisch leicht klopfen, um es zarter zu machen.
2. Steaks mit Mehl bestäuben, durch das verquirlte Ei ziehen und im Paniermehl wälzen.
3. Fritieröl auf 170 °C erhitzen und die Steaks je nach Dicke etwa 6 Minuten fritieren, bis sie gar sind. Mit grünem Salat, Tomaten- und Gurkenscheiben garnieren und dazu nach Wunsch Tomatenketchup, dunkle Soße oder Senf reichen.

FLEISCHKLÖSSCHEN mit Sojasoße

NIKU-DANGO NO AMAKARA-NI

Hackfleisch ist in Japan sehr beliebt. *Niku-dango* wird sowohl als Fertiggericht in Feinkostgeschäften verkauft, als auch zu Hause zubereitet. Seien Sie auf der Hut – die süßliche Soße verführt dazu, sich an diesen kleinen Fleischbällchen mehr als satt zu essen.

ERGIBT 16 FLEISCHKLÖSSCHEN

FÜR DIE FLEISCHBÄLLCHEN
225 g Schweinehackfleisch
25 g Lauch, feingehackt
1 EL sake
1 große Prise Salz
½ Ei, verquirlt
1 EL Maismehl
Pflanzenöl zum Fritieren
FÜR DIE SOSSE
4 EL Wasser
1 EL sake
1 EL mirin (süßer Reiswein)
1 EL feiner Zucker
1 EL Sojasoße
2 TL Maismehl

❶ Für die Fleischbällchen das Hackfleisch mit Lauch, *sake*, Salz, Maismehl und dem Ei so lange verkneten, bis eine homogene Masse entsteht. Daraus mit einem Teelöffel die Menge für jeweils ein Fleischbällchen abstechen. Die Bällchen werden mit der Hand geformt.

❷ Das Öl in einem Topf auf 180 °C erhitzen und darin die Fleischbällchen etwa 5 Minuten bis zum Braunwerden fritieren. Herausnehmen und auf saugfähigem Küchenpapier abtropfen lassen.

❸ Wasser, *sake*, *mirin*, Zucker, Sojasoße und Maismehl bei leichter Hitze so lange rühren, bis die Soße dick wird. Die Fleischbällchen darin wenden, bis sie völlig mit Soße bedeckt sind. Mit Reis und einer Gemüsebeilage servieren.

JAPANISCHE HÜHNERSPIESSE

YAKITORI

Die in Japan sehr beliebten *yakitori*-Bars, in denen sich die Menschen treffen, um einen Imbiss zu sich zu nehmen und sich zu unterhalten, sind nach den ebenfalls sehr beliebten Grillspießchen benannt. Hühner- und Hühnerleberspieße werden am häufigsten gegessen. Man kann sie mit *tare*, einer auf Sojasoße basierenden süßen Soße, essen (siehe Rezept unten) oder großzügig mit Salz und Chilipulver bestreuen.

ZUTATEN

FÜR DIE SOSSE
50 ml Sojasoße
50 ml mirin
1 EL feiner Zucker
1 EL Honig
Haut vom Hühnchen

FÜR DIE SPIESSE
2 Hühnerbrüste mit Haut, ohne Knochen, in 24 Würfel geschnitten
1 Lauchstange, in 8 Stücke zu 2,5 cm Länge geschnitten
½ grüne Paprikaschote, in 8 gleich große Stücke geschnitten
8 Holz- oder Metallspieße

❶ Für die Soße *mirin*, Honig, Sojasoße und Zucker in einen Topf geben, zum Kochen bringen und ca. 10 Minuten eindicken lassen.

❷ Auf die Spieße abwechselnd ein Stück Hühnchen, Lauch, wieder Hühnchen, ein Stück Paprikaschote, wieder Hühnchen – und so weiter – stecken.

❸ Den Grill auf niedriger Stufe vorheizen und die Spieße etwa 3 Minuten grillen, bis das Fleisch weiß wird.

❹ Die Spieße mit der Soße bestreichen und bei mittlerer Hitze ca. 6–7 Minuten garen; dabei öfter wenden. Mit Reis und Gemüse servieren.

HÜHNERLEBER in süßer Sojasoße

REBA TO PIMAN NO AMAKARA-NI

Hühnerleber wird in Japan gern gegessen. Das Kochen in Sojasoße und Zucker kaschiert den typischen Lebergeruch, der von manchen Leuten als unangenehm empfunden wird, und macht das Fleisch zarter.

ZUTATEN

280 g Hühnerleber, in mundgerechte Stücke geschnitten
1 EL Pflanzenöl
½ grüne Paprikaschote, entkernt und längs in dünne Streifen geschnitten
1 ½ EL Sojasoße
1 ½ EL mirin
½ EL feiner Zucker

1. Die Leber in eine Schüssel mit kochendem Wasser geben, bis sie bleich wird. Abtropfen lassen.

2. Die Paprikastreifen in einer Bratpfanne mit heißem Öl etwa 3 Minuten anbraten. Herausnehmen und beiseite stellen.

3. Die Leber in die Pfanne geben und bei mittlerer Hitze etwa 7 Minuten braten. Sojasoße, *mirin* und Zucker darübergeben und unter Rühren noch etwa 5 Minuten weiterbraten.

4. Die Paprikastreifen wieder hinzufügen und noch einige Minuten unter Rühren braten. Heiß mit Reis und Gemüse servieren.

FRITIERTE HÄHNCHEN Nuggets

TORI NO KARA-AGE

Die Mischung aus Knoblauch, Ingwer und Sojasoße verfeinert den Geschmack des Hähnchens, während die Zitronenscheiben für ein erfrischendes Aroma sorgen.

ZUTATEN

2 Hähnchenbrüste ohne Knochen, in mundgerechte Stücke geschnitten

FÜR DIE MARINADE

3 EL Sojasoße

30 g Ingwerwurzel, geschält und geraspelt

2 große Knoblauchzehen, geschält und feingehackt

Salz und Pfeffer, frisch gemahlen

FÜR DIE PANADE

2 EL Maismehl

2 EL Weizenmehl

Pflanzenöl zum Fritieren

2 Zitronenscheiben zum Garnieren

1. Hähnchenstücke etwa 30 Minuten mit einer Mischung aus Ingwer, Knoblauch, Sojasoße, Salz und Pfeffer marinieren.

2. Mais- und Weizenmehl miteinander mischen. Jedes marinierte Hähnchenstück in der Mehlmischung wälzen, bis es völlig bedeckt ist.

3. Das Öl auf 180 °C erhitzen und die Hähnchenstücke in 4–5 Minuten goldbraun fritieren. Mit Zitronenscheiben garniert auf einem Salatbett servieren.

TOFU-HAMBURGER

TOFU HAMBURGER

Eine moderne und gesunde japanische Variante eines amerikanischen Klassikers. Nehmen Sie *momen,* den gröberen, festen Tofu, der vor dem Gebrauch einige Minuten abtropfen muß, damit er nicht zu wässerig ist.

ERGIBT 4 HAMBURGER

25 g Möhren, gehackt

2 Frühlingszwiebeln, gehackt

150 g Hühnerfleisch, feingehackt

200 g momen

½ Ei, verquirlt

1 EL frische Brotkrumen

1 EL Weizenmehl

Salz und frisch gemahlener schwarzer Pfeffer

1 EL Pflanzenöl

2 Zitronenscheiben zum Garnieren

Sojasoße zum Servieren

❶ Möhren und Frühlingszwiebeln in einer Küchenmaschine fein zerkleinern. Huhn, Tofu, Ei, Brotkrumen, Mehl, Salz und Pfeffer dazugeben und gründlich mischen.

❷ Die Masse in 4 gleich große Portionen teilen und zu Hamburgern formen.

❸ Öl in einer Pfanne erhitzen, und die Hamburger bei geringer Hitze auf jeder Seite in etwa 8 Minuten braun braten. Mit den Zitronenscheiben garnieren und mit Sojasoße servieren.

HERINGE mariniert und gebraten

NISHIN NO TSUKE-YAKI

Dies ist eine Mahlzeit, die man leicht und schnell zubereiten kann. Das Marinieren der Heringe in *sake* und Sojasoße ergibt ein besonderes Aroma.

ZUTATEN

2 große oder 4 kleine Heringe, ausgenommen und entgrätet

2 EL Weizenmehl

2 EL Pflanzenöl

FÜR DIE MARINADE

4 TL sake

4 TL Sojasoße

FÜR DIE SOSSE

4 TL Sojasoße

2 TL Weinessig

1 TL feiner Zucker

1. *Sake* und Sojasoße mischen und über die Heringe gießen. Die Heringe 30 Minuten marinieren und dabei zwei- oder dreimal wenden.

2. In der Zwischenzeit für die Soße Weinessig, Sojasoße und Zucker in einer Schüssel verrühren.

3. Die Heringe mit Küchenpapier trockentupfen und in Mehl wälzen.

4. Das Pflanzenöl in einer Bratpfanne erhitzen und darin die Heringe auf jeder Seite etwa 3 Minuten braten, bis der Mehlüberzug goldbraun wird. Mit Reis und Gemüsebeilage servieren.

FRITIERTE MAKRELE

SABA NO TASUTA-AGE

Die Makrele ist ein Hauptbestandteil des japanischen Speiseplanes und kann auf vielfältige Art zubereitet werden. Das Fritieren schließt das Aroma der Makrele ein und bewirkt einen fleischähnlichen Geschmack.

ZUTATEN

450 g Makrele, ausgenommen und ohne Kopf
1 EL Sojasoße
½ EL sake
½ frische Chilischote, entkernt und feingehackt
1 Stück Ingwerwurzel, 1 cm lang, zerdrückt
2–3 EL Maismehl
Pflanzenöl zum Fritieren

❶ Die Makrele mit 2 Schnitten links und rechts entlang der Rückengräte filetieren. Aus den beiden Filets so viele Gräten wie möglich entfernen, ohne sie zu verletzen (eine Pinzette leistet dabei gute Dienste). Jedes Filet in 3 Teile schneiden.

❷ Sojasoße, *sake,* Chilischote und Ingwer in eine Schale geben und den Fisch darin 20 Minuten marinieren.

❸ Den Fisch mit Küchenpapier trockentupfen und dann im Maismehl wälzen. Das Öl auf 180 °C erhitzen und die Fischfilets etwa 4 Minuten fritieren. Mit Sojasoße beträufeln und mit kurzgebratenem Gemüse servieren.

GEGRILLTE FORELLE

MASU NO SHIO-YAKI

Grillen ist eine sehr einfache Möglichkeit, Fisch zuzubereiten. Damit dieses Gericht optimal gelingt, sollten die Forellen ganz frisch sein.

ZUTATEN

2 mittelgroße Forellen, ausgenommen

1 TL Salz

Sojasoße zum Servieren

1. Den Fisch auf jeder Seite mit 3 Einschnitten versehen, auf einen Grillrost legen und mit Salz bestreuen.

2. Den Fisch auf jeder Seite 5–6 Minuten grillen, bis er braun ist. (Die Grillzeit ist abhängig von der Größe des Fisches.) Den fertigen Fisch auf einer Platte anrichten und mit Sojasoße beträufeln. Mit Reis und Gemüse servieren.

MAKRELE mit miso-Soße

SABA NO MISO-NI

Dieses Gericht ist vor allem im Herbst beliebt, denn dann, so heißt es, sei die *saba* (Makrele) am besten. Die *saba* wird ohne Gräten zubereitet.

ZUTATEN

450 g Makrele, ausgenommen und ohne Kopf
FÜR DIE SOSSE
100 ml Wasser
2 EL feiner Zucker
1 EL sake
50 g miso
1 Ingwerwurzel, geschält und in dünne Scheiben geschnitten
2 Frühlingszwiebeln, halbiert

1. Die Makrele längs der Rückengräte in 2 Teile schneiden und entgräten. Jedes Stück noch einmal quer halbieren.

2. Wasser, *sake*, Zucker und *miso* in einem Topf erhitzen, bis die Flüssigkeit köchelt. Fisch und Ingwer dazugeben und 7–8 Minuten garen. Dabei wird der Fisch zugedeckt – entweder mit einem Deckel, der kleiner als der Topf ist, oder mit Alufolie.

3. Die Frühlingszwiebeln hinzufügen und weitere 5–10 Minuten garen. Sofort mit Reis und Gemüse servieren.

TINTENFISCH mit Rettich

DAIKON TO IKA NO UMA-NI

Das besondere Aroma dieses Gerichtes beruht auf dem speziellen Geschmack des Tintenfisches in Verbindung mit dem frischen *mouli. Mouli,* der italienische Riesenrettich, ist einfacher zuzubereiten als der japanische *daikon,* da er mehr Wasser enthält.

ZUTATEN

300 g Tintenfisch
300 g mouli, *geschält, längs halbiert und in 1 cm lange Stückchen geschnitten*
50 ml sake
2 EL Sojasoße
100 ml Wasser

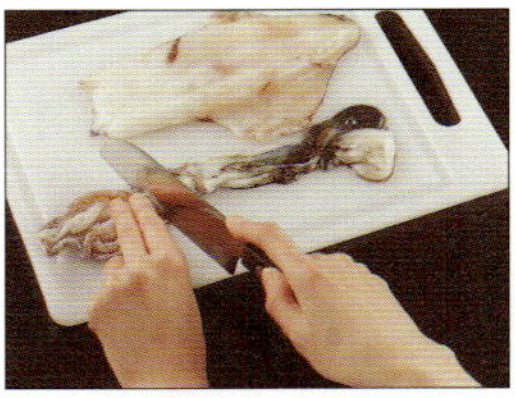

❶ Kopf und Fangarme auseinanderziehen, den durchsichtigen Rückenpanzer entfernen und den Körpersack waschen. Die Haut abziehen und den Kopf abtrennen.

❷ Körper und Fangarme in 1 cm lange Stücke schneiden und in kochendem Wasser blanchieren. Den Rettich in einen Topf geben und mit kaltem Wasser bedecken. Das Wasser zum Kochen bringen und den Rettich garen, bis er glasig ist. Dann abtropfen lassen.

❸ *Sake* und Sojasoße in einem Topf erhitzen, die Tintenfischstücke dazugeben und 4 Minuten garen. Den Tintenfisch mit einer Schöpfkelle herausnehmen und beiseite stellen.

❹ Wasser und abgetropften Rettich in den Topf geben und bei geschlossenem Deckel etwa 7 Minuten garen. Den Tintenfisch dazugeben und weitere 3–4 Minuten garen. Mit Reis und Gemüse servieren.

GEBRATENE AUBERGINE

mit Paprika und süßer *miso*-Soße

NASU NO NABE-SHIGI

Im Herbst ist in Japan Auberginensaison, und die Regale der Gemüsehändler sind voll mit zahlreichen Sorten. Japanische Auberginen sind sehr unterschiedlich in der Länge, aber keine besitzt einen solchen Umfang wie die europäischen oder amerikanischen Sorten.

ZUTATEN
2 EL Sesamöl
1 mittelgroße Zwiebel, geschält und in mundgerechte Stücke geschnitten
200 g Auberginen, in mundgerechte Stücke geschnitten und in Wasser eingeweicht
½ grüne Paprikaschote, in mundgerechte Stücke geschnitten
FÜR DIE SÜSSE *MISO*-SOSSE
40 g miso-Paste
2 EL feiner Zucker
2 EL Wasser
2 EL mirin

❶ Die Zwiebeln mit 1 EL Sesamöl in einem Topf 3–4 Minuten anbraten. Das restliche Öl und die Auberginen dazugeben und 3–4 Minuten braten. Die Paprikastücke hinzufügen und weiterbraten, bis die Auberginen weich sind.

❷ Die *miso*-Paste mit Zucker, Wasser und *mirin* in einer Schüssel mischen, unter Rühren in den Topf gießen und 1–2 Minuten erhitzen. Als Beilage servieren.

SPINAT mit *Bonito*-Flocken und Sojasoße

HOURENSO NO O-HITASHI

Frischer Spinat ist der Hauptbestandteil dieser köstlichen und nahrhaften Mahlzeit. Um die Vitamine nicht zu zerstören, sollten Sie ihn behutsam garen.

ZUTATEN

225 g Blattspinat, gewaschen und abgetropft
1 Prise Salz
1 Handvoll Bonito-Flocken (siehe S. 13)
2–3 EL Sojasoße

❶ Den Spinat in Salzwasser etwa 2 Minuten blanchieren.

❷ Schnell unter fließendem Wasser abkühlen, damit er sich nicht verfärbt. Abtropfen lassen.

❸ Die Blätter an den Stengeln zu einem Bündel zusammenfassen und das Wasser herausdrücken.

❹ Das Bündel in 2,5 cm lange Stücke schneiden und auf einer Platte anrichten. Mit den *Bonito*-Flocken bestreuen und mit Sojasoße beträufeln. Dieses Gericht wird als Beilage serviert.

SÜSSKARTOFFELN

SATSUMA-IMO NO AMA-NI

Süßkartoffeln werden in Japan das ganze Jahr hindurch gerne gegessen. Dieses einfache Gericht bringt ihre angenehme Süße voll zur Geltung.

ZUTATEN

350 g Süßkartoffeln, in etwa 1 cm große Stücke geschnitten

200 ml Wasser

1 Prise Salz

1 EL feiner Zucker

1 TL Sojasoße

1. Süßkartoffeln an den Seiten schräg einschneiden, um ein Aufplatzen beim Kochen zu verhindern.

2. Die Kartoffeln mit Wasser, Zucker, Salz und Sojasoße in einen großen Topf geben und darauf achten, daß die Kartoffelstücke flach auf dem Boden liegen. Zum Kochen bringen und im geschlossenen Topf 10–15 Minuten garen, bis die Kartoffeln weich sind. Während der letzten 5 Minuten ohne Deckel garen. (Die Garzeit ist je nach Sorte der Süßkartoffeln unterschiedlich.) Als Beilage servieren.

KOHL mit Speck

CABETSU TO BECON NO NI-BITASHI

Japankohl ist zarter als vergleichbare europäische Kohlsorten. Deshalb sollte man für dieses Gericht auf die äußeren harten Kohlblätter verzichten und nur die inneren benutzen. Wirsing ist wegen seines charakteristischen Geschmackes eine gute Alternative. Den Kohl nicht zu lange kochen, da er sonst zu weich wird. Die Blätter sollten noch bißfest sein.

ZUTATEN
200 g Kohl, in 2,5 cm große Quadrate geschnitten
2 Scheiben ungeräucherter Speck, in 2,5 cm lange Stücke geschnitten
250 ml dashi (siehe S. 13)
2 TL Sojasoße
2 TL Pflanzenöl

1. Das Öl in einem Topf erhitzen und den Speck bei mäßiger Hitze gar braten.

2. Den Kohl zufügen und unter Rühren 2 Minuten anbraten.

3. *Dashi* und Sojasoße zugießen und bei geschlossenem Topf 10 Minuten köcheln lassen, bis der Kohl gar ist. Dabei gelegentlich umrühren. Als Beilage servieren.

ZUCKERSCHOTEN mit Corned Beef

SAYA-INGEN TO CORNED BEEF ITAME-MONO

Man sagt, Japan sei eine Nation von Erfindern. Dieses Gericht zeigt die japanische Art, einen fremden Einfluß in ihre Kultur aufzunehmen und ihn nach typisch japanischem Geschmack zu verbessern. Achten Sie beim Kochen darauf, daß die Zuckerschoten bißfest bleiben.

ZUTATEN

150 g Zuckerschoten, gewaschen und geputzt
1 EL Pflanzenöl
100 g Corned Beef, gehackt
1 TL Sojasoße
Salz und frisch gemahlener schwarzer Pfeffer

1 Die Zuckerschoten 3 Minuten in Salzwasser kochen, dann abtropfen lassen.

2 Das Öl in einer Bratpfanne erhitzen. Das Corned Beef zufügen und unter ständigem Rühren bei mittlerer Hitze 5 Minuten braten.

3 Zuckerschoten zufügen und mit Salz und Pfeffer würzen. Weitere 5 Minuten unter Rühren braten. Mit Sojasoße beträufeln. Als Beilage servieren.

CHINAKOHL mit Herzmuscheln in Senf-Sojasoße

HAKUSAI TO TORI-GAI NO KARASHI-JOYU AE

Herzmuscheln werden in Japan nicht oft verwendet. Normalerweise benutzt man für dieses Gericht Jakobsmuscheln. Aber Herzmuscheln harmonieren so gut mit den anderen Zutaten, daß sie einen hervorragenden und erschwinglichen Ersatz bieten. Sie können sowohl frische Herzmuscheln nehmen als auch zu Konserven greifen.

ZUTATEN

150 g Chinakohl
4 Frühlingszwiebeln
½ EL Sojasoße
1 TL Englischer Senf
1 TL mirin
100 g Herzmuscheln, abgetropft

❶ Chinakohl in einem Topf mit Wasser 3 Minuten kochen. Frühlingszwiebeln hinzufügen und weitere 2 Minuten kochen. Abtropfen lassen und kurz kalt abspülen. Restliches Wasser ausdrücken. In 2,5 cm lange Stücke schneiden.

❷ Die Sojasoße mit Senf und *mirin* in einer großen Schüssel mischen und Gemüse, Frühlingszwiebeln und Herzmuscheln hinzufügen. Mischen und als Beilage oder Vorspeise servieren.

GRÜNE BOHNEN mit Sesamdressing

INGEN NO GOMA-AE

Sesam gilt in Japan als sehr gesundes Nahrungsmittel, und sowohl schwarzer als auch weißer Sesam sind gebräuchliche Zutaten in der japanischen Küche. Zum Rösten gibt man die Sesamkörner in eine trockene Bratpfanne und erhitzt sie unter Rühren, bis sie aufplatzen. Dabei wird das charakteristische Aroma des Sesams freigesetzt.

ZUTATEN

175 g ganze grüne Bohnen, tiefgefroren
1 Prise Salz

FÜR DAS DRESSING

1 EL geröstete Sesamkörner
1 EL feiner Zucker
2 TL dashi (siehe S. 13)
1/2 EL miso-Paste
1 EL Sojasoße

1. Die Bohnen in einem Topf mit kochendem Wasser 5 Minuten gar kochen.
2. Die Sesamkörner in einem Mörser oder einer Kaffeemühle zerkleinern und mit Zucker, Fischbrühe, Sojasoße und *miso*-Paste mischen.
3. Die grünen Bohnen in dem Sesamdressing wenden und als Beilage servieren.

GEMÜSETOPF

YASAI NO NI-MONO

Die Kartoffel ist nicht gerade ein Grundpfeiler der japanischen Ernährung, wird aber in der Küche oft verwendet. Sie wird, wie in diesem Gericht, normalerweise mit anderen Gemüsen zusammen gekocht.

ZUTATEN
200 ml dashi *(siehe S. 13)*
100 g Möhren, geschält und in mundgerechte Stücke geschnitten
225 g Kartoffeln, geschält und in mundgerechte Stücke geschnitten
1 mittlere Zwiebel, in Ringe geschnitten
2 TL feiner Zucker
½ EL mirin
1 Prise Salz
1 EL Sojasoße
50 g tiefgefrorene Bohnen, halbiert

❶ *Dashi*, Möhren und Kartoffeln in einem Topf zum Kochen bringen und bei geschlossenem Deckel 5 Minuten garen.

❷ Zucker, Salz, *mirin*, Zwiebeln und Sojasoße zufügen und bei geschlossenem Topf weitere 5 Minuten köcheln lassen.

❸ Zum Schluß die Bohnen zugeben und weitere 4 Minuten köcheln lassen. Heiß als Beilage servieren.

SALAT mit Krebsfleisch und *ponzu*-Dressing

KANI KAMOBOKO IRI SALADA

Ponzu kann als Dip (siehe Kabeljautopf und Chinakohl S. 72) oder als scharfe Salatsoße ohne Öl benutzt werden. Sie ist für beides gleich gut geeignet.

ZUTATEN

2 Selleriestangen
1 Stück Gurke, 7,5 cm lang
100 g Möhren, geschält
50 g ganze Bohnen, tiefgefroren
5 surimi *(in Stäbchenform gepreßtes Krebsfleisch)*
1 Prise Salz
1 Portion ponzu-*Dressing (siehe S. 72)*

❶ Sellerie, Gurke und Möhren erst schräg in Scheiben und dann die Scheiben in Stifte schneiden (siehe S. 9).

❷ Die grünen Bohnen 4–5 Minuten in Salzwasser kochen, dann mit kaltem Wasser abspülen, abtropfen lassen und halbieren.

❸ Das Gemüse auf einer Platte oder in einer Schüssel mischen. Die *surimi* mit den Fingern zerpflücken und auf dem Salat verteilen. Beim Servieren mit *ponzu*-Dressing beträufeln.

TEMPURA

TEMPURA

Tempura, eines der bekanntesten Gerichte der japanischen Küche, bedarf keiner besonderen Vorstellung. Nach gesicherten Erkenntnissen ist *tempura* ironischerweise gar kein original japanisches Gericht, sondern wurde im 17. Jahrhundert von portugiesischen Kaufleuten nach Japan gebracht. Einer der großen Vorzüge von *tempura* ist seine Vielseitigkeit. Im Grunde können sämtliche Meeresfrüchte und alle Gemüse auf diese Art zubereitet und serviert werden. Die unten vorgeschlagenen Zutaten sind die in Japan gebräuchlichsten. Der Dip sollte als erstes zubereitet werden, damit das *tempura* unmittelbar nach dem Fritieren serviert und gegessen werden kann.

ZUTATEN

- ½ grüne Paprikaschote, entkernt und längs in 4 Teile geschnitten
- 4 Shiitake-Pilze
- 225 g Süßkartoffeln, ungeschält und in 1,5 cm dicke Scheiben geschnitten
- 120 g Möhren, geschält, in 6,5 cm lange Stücke und dann in Stifte geschnitten
- 4 große Garnelenschwänze, geschält, mit Schwanzflossen
- Pflanzenöl zum Fritieren
- etwas Mehl
- 1 kleiner Rettich, geschält und geraspelt

FÜR DEN TEIG

- 6 EL Mehl
- 2 EL Maisstärke
- 1 Ei, verquirlt
- 150 ml Wasser

FÜR DEN DIP

- 2 EL mirin
- 2 EL Sojasoße
- 150 ml dashi (siehe S. 13)

❶ Für den Dip *mirin*, Sojasoße und *dashi* in einem Topf zum Kochen bringen und 1 Minute köcheln lassen. Abkühlen lassen.

❷ Zur Teigbereitung mit Stäbchen oder Gabel Mehl, Stärke, Ei und Wasser in einer Schüssel glattrühren. Der Teig sollte noch Klümpchen haben und das Mehl nicht ganz eingearbeitet sein.

❸ Das Öl in einem Topf auf 180 °C erhitzen. Zur Temperaturprüfung ein wenig Teig ins Öl geben; wenn er Blasen wirft und an die Oberfläche steigt, ist die Temperatur richtig.

❹ Das Gemüse in den Teig tauchen und goldbraun fritieren. Bei festerem Gemüse, wie Süßkartoffeln, wird mit Hilfe eines Spießes getestet, ob es gar ist. Wenn der Spieß sich leicht durch das Gemüse stechen läßt, ist es gar. Die Möhrenstifte werden bündelweise in den Teig getaucht und fritiert; durch den Teig werden sie zusammengehalten.

❺ Garnelen in Mehl wälzen, bevor sie in den Teig getaucht werden. Das verhindert Spritzen während des Fritierens. Wenn alle Zutaten fritiert sind, sofort servieren. Den Dip in kleinen Schüsseln in der Mitte anordnen und dazu geraspelten Rettich reichen. Die *tempura*-Stückchen werden vor dem Essen in den Dip getaucht. Dip und geraspelten Rettich während der Mahlzeit auffüllen.

OMELETT auf japanische Art

TAMAGO-YAKI

Tamago-yaki wird in Japan oft zum Frühstück serviert. Es erfordert mehr Geschick und Geduld als ein westliches Omelett, aber das köstliche Ergebnis rechtfertigt den erhöhten Aufwand. Für ein gutes Resultat ist eine antihaftbeschichtete Pfanne unerläßlich.

ZUTATEN

2 Eier
1/2 EL feiner Zucker
1/2 EL Sojasoße
1/2 EL dashi *(siehe S. 13)*
1 Prise Salz
Pflanzenöl zum Braten

❶ Die Eier mit Zucker, Salz, Sojasoße und *dashi* verquirlen. Das Öl in einer beschichteten Pfanne langsam erhitzen. Ein Viertel der Eimischung in die Pfanne geben.

❷ Kurz bevor die Oberfläche fest wird, vorsichtig an einer Ecke anheben und zusammenrollen. Am Pfannenrand liegenlassen.

❸ Das zusammengerollte Omelett mit einem Eßstäbchen oder Pfannenspatel festhalten und das zweite Viertel der Eimischung so dazugießen, daß die Masse auch bis unter die Rolle läuft.

❹ Kurz bevor das Ei wieder fest wird, zusammen mit der ersten Rolle zur anderen Pfannenseite hin aufrollen. Diesen Vorgang mit den restlichen zwei Vierteln der Eimischung wiederholen. Abkühlen lassen und in 2,5 cm lange Stücke schneiden. Vor dem Servieren mit Sojasoße beträufeln.

AVOCADO im Seetangmantel

AVOCADO TO NORI

Die Avocado gehört nicht zu den traditionellen Zutaten der japanischen Küche, wird aber gern verwendet. Diese Beliebtheit beruht darauf, daß die Avocado im Geschmack dem rohen Thunfisch, wie er in *sushi* und *sashima* benutzt wird, ähnelt. Bei Bedarf können Sie Sojasoße mit *wasabi*, dem grünen japanischen Senfpulver, für ein Dressing pikanter machen. Vorsicht: *Wasabi* ist sehr scharf!

ZUTATEN

1 Avocado
2 nori-*Blätter (Seetang)*
2 EL Sojasoße
1 TL wasabi

1. Die Avocado halbieren und entsteinen. Die Hälften wieder halbieren und längs in 1 cm breite Stücke schneiden.
2. Den Seetang in Streifen schneiden und die Avocadostücke damit umwickeln.
3. Sojasoße in ein Schüsselchen geben. Nach Belieben ein wenig *wasabi* zufügen. Vor dem Verzehr die Avocadostückchen in die Soße tauchen.

WEISSKOHL mit Gurken

CABETSU TO KYUURI NO SHIO-MOMI

Diese schnell zubereitete Beilage paßt hervorragend zu frisch gekochtem weißen Reis. Nehmen Sie ein scharfes Messer, um die Gurke in dünne Scheiben zu schneiden.

ZUTATEN

100 g Weißkohl, innere zarte Blätter bevorzugen
1 Stück Gurke, 4 cm lang, längs halbiert
1 TL Salz
1 rote Chilischote, entkernt und kleingehackt

❶ Die Stiele aus den Kohlblättern entfernen. Die Blätter längs in Streifen und dann quer in 1 cm lange Stücke schneiden. Die Gurkenhälften so fein wie möglich in Scheiben schneiden.

❷ In einer Schüssel Kohl und Gurken mit Salz bestreuen und 30 Minuten ruhen lassen. Dann mit der Hand alle Flüssigkeit aus dem Gemüse herauspressen.

❸ Chilischote zugeben und gut durchmischen. 5 Minuten ruhen lassen.

❹ Kurz vor dem Servieren mit Sojasoße beträufeln.

GESALZENE RÜBEN mit Zitrone

KABU NO SOKUSEKI-ZUKE

Dieses Gericht ist eines der vielen japanischen *tsukemono,* den pikant eingelegten Gemüsen. Die Frische der Rübe ist entscheidend für die Qualität des Gerichts.

ZUTATEN
2 Rüben à 100 g, geschält und in feine Scheiben geschnitten
1 TL Salz
3 Zitronenscheiben, geviertelt
1 TL Sojasoße

❶ Rüben in einer Schüssel mit Salz bestreuen. 20–30 Minuten ziehen lassen.

❷ Die Rüben durchmischen; dann alle Flüssigkeit herausdrücken.

❸ Die Zitronenviertel zugeben und alles mit Sojasoße beträufeln. Als Beilage servieren.

GESCHMORTER *HIJIKI*

HIJIKI NO NI-MONO

Hijiki ist eine der vielen Seetangarten, die in der japanischen Küche verwendet werden. *Hijiki* ist ein sehr gesundes Nahrungsmittel, da er reich ist an verschiedenen Mineralien, wie Calcium, Jod und Vitamin B12.

ZUTATEN

30 *g* hijiki, *getrocknet*
½ *Blatt* abura-age
50 *g Möhren, geschält und in kurze Stifte geschnitten*
2 *TL Pflanzenöl*
250 *ml* dashi *(siehe S. 13)*
1 ½ *EL feiner Zucker*
1 ½ *EL Sojasoße*
1 *EL* mirin

❶ Den Seetang waschen und 20–30 Minuten in einer Schüssel mit Wasser quellen lassen. Erneut abspülen und abtropfen lassen. Der Seetang sollte auf das sechs- bis siebenfache des Ursprungsvolumens aufquellen.

❷ *Abura-age* mit heißem Wasser abspülen und in schmale Streifen von der Größe der Möhrenstifte schneiden.

❸ In einer Kasserolle *hijiki, abura-age* und die Möhren in heißem Öl 1 Minute anbraten.

❹ *Dashi, mirin,* Sojasoße und Zucker hinzufügen und etwa 25 Minuten bei offenem Topf köcheln lassen, bis die Flüssigkeit fast verdampft ist. Als Beilage servieren. Reste können im Kühlschrank 3–4 Tage aufgehoben werden.

SOJABOHNEN mit Seetang und Pilzen

DAIZU NO AMA-NI

Die Sojabohne ist die am vielseitigsten genutzte Zutat der japanischen Küche. Sie bildet die Grundlage für Sojasoße, Tofu und *miso*. Sojabohnen sind reich an Nähr- und Ballaststoffen und werden in Japan als »Fleisch der Erde« bezeichnet.

ZUTATEN

3 Shiitake-Pilze, getrocknet

1 konbu-Streifen, 7,5 cm lang, mit feuchtem Tuch abgewischt

420 g Sojabohnen aus der Dose, abgetropft

50 g Möhren, geschält und gewürfelt

2 EL feiner Zucker

1 ½ EL Sojasoße

❶ Shiitake-Pilze und Seetang in 200 ml Wasser 30 Minuten quellen lassen. Das Wasser aufbewahren. Die Shiitake-Pilze und den Seetang klein würfeln.

❷ Pilze, Seetang, das aufbewahrte Wasser, Sojabohnen, Möhren, Zucker und zusätzlich 100 ml frisches Wasser in einem Topf zum Kochen bringen und ohne Deckel 15 Minuten köcheln lassen.

❸ Sojasoße zugeben und weitere 10 Minuten köcheln lassen. Als Beilage servieren. Reste können im Kühlschrank bis zu einer Woche aufbewahrt werden.

GURKE UND WAKAME

in süß-saurer Soße

KYUURI TO WAKAME NO SANBAI-ZU

Obwohl es sich hierbei um ein kaltes Gericht handelt, wird es in Japan nicht als Salat angesehen. Den Essig aus Reiswein können Sie gegebenenfalls durch herkömmlichen Weinessig ersetzen.

ZUTATEN
200 g Gurke, längs halbiert und in sehr dünne Scheiben geschnitten
1 TL Salz
1/2 EL getrockneter wakame, *in heißem Wasser gequollen*
FÜR DIE SÜSS-SAURE SOSSE
5 TL Reisweinessig
1/2 EL feiner Zucker
1/2 TL Sojasoße

❶ Die Gurke in einer Schüssel mit Salz bestreuen und 15 Minuten stehen lassen.

❷ Mit der Hand die Flüssigkeit aus Gurke und *wakame* herausdrücken.

❸ In einer kleinen Schüssel Essig, Zucker und Sojasoße mischen.

❹ Gurke, *wakame* und die Soße kurz vor dem Essen miteinander mischen. Als Beilage servieren.

REIS ALS *SUSHI*-GRUNDLAGE

SUSHI YO GOHAN

Dies ist das Rezept, um den klebrigen Reis zuzubereiten, der die Grundlage für die vielen *sushi*-Varianten bildet. Nehmen Sie hierfür unbedingt den japanischen Rundkornreis. Das Verhältnis von Reis zu Wasser sollte 1 zu 1 ¹/₄ sein. Den typischen leicht sauren Geschmack erhält der Reis durch eine Essiglösung, *sushi-zu* genannt.

ZUTATEN

150 g japanischer Rundkornreis
1 konbu-Streifen, 2,5 cm lang
250 ml Wasser

FÜR DAS *SUSHI-ZU*

1 ¹/₂ EL Reisweinessig
1 EL feiner Zucker
¹/₂ TL Salz

❶ Den Reis in einem Topf so lange waschen, bis das Wasser klar bleibt. In ein Sieb geben und 30 Minuten ruhen lassen, damit die einzelnen Körner das Restwasser aufnehmen können. Reis und Seetang in einem Topf mit Wasser erhitzen und den Seetang kurz vor dem Kochen herausnehmen. Bei geschlossenem Topf etwa 10 Minuten garen. (Die genaue Garzeit ist von der zu kochenden Reismenge abhängig.)

❷ Prüfen, ob der Reis weich ist. Die Hitze abschalten und den Topf 10 Minuten stehen lassen. Für das *sushi-zu* Zucker, Essig und Salz in einer Schüssel mischen. Den Reis in eine große Schüssel geben. Einen hölzernen Kochlöffel anfeuchten und das *sushi-zu* in den Reis träufeln, indem man den Reis mit dem Kochlöffel »schneidet« (nicht rühren oder unterheben). Die Flüssigkeit völlig aufbrauchen. Der Reis wird nun ganz dem scharfen Aroma des *sushi-zu* überlassen. Vor der Weiterverarbeitung abkühlen lassen.

SUSHI »SELBSTGEROLLT«

TEMAKI-ZUSHI

Eine moderne und sehr beliebte *sushi*-Variante. Überraschen Sie Ihre Gäste einmal mit *temaki-zushi*.

ZUTATEN
1 Rezept sushi-Reis (siehe S. 60)
5 nori-Blätter, in je 4 Teile geschnitten
5 Gurkenscheiben, diagonal und dann in Stifte geschnitten
1/4 Avocado, in Scheiben geschnitten
1 Rollmops, in Scheiben geschnitten
1 Bund Kresse
Sojasoße

FÜR DIE FÜLLUNG
100 g Thunfisch, in Salzlake
1 EL Mayonnaise
FÜR DAS OMELETT
1 Ei
1 TL feiner Zucker
1 Prise Salz
2 TL Pflanzenöl zum Braten

❶ Für die Füllung zuerst den Thunfisch abtropfen lassen und dann mit der Mayonnaise verrühren. Ein Omelett nach japanischer Art zubereiten (siehe S. 52), das nach dem Abkühlen in Streifen geschnitten wird. Nun werden alle Zutaten auf eine große Platte gelegt. Reis und *nori* werden auf separaten Platten serviert.

❷ Bei der Mahlzeit legt man ein Stück *nori* auf die Hand und verteilt darauf dünn einen Eßlöffel Reis.

❸ Mit Hilfe der Eßstäbchen eine Portion der Füllung, die noch mit anderen Zutaten kombiniert werden kann, in der Mitte plazieren. Dann das Seetangblatt tütenförmig zusammenrollen und vor dem Verzehr in das eigene Schälchen mit Sojasoße tauchen.

DÜNNE *SUSHI*-ROLLEN

mit Gurke oder eingelegtem Rettich

HOSO-MAKI ZUSHI: KAPPA-MAKI UND TAKUWAN-MAKI

Bei der *sushi*-Variante *hoso-maki* (dünne Rolle) unterscheidet man zwischen den sogenannten *kappa-maki*, die mit dünnen Gurkenstreifen zubereitet werden, und den *takuwan-maki*. *Takuwan* nennt man den getrockneten und dann sauer eingelegten japanischen Riesenrettich, den *daikon*. Die *hosu-maki* werden fast immer zu Hause zubereitet und nicht fertig gekauft.

ZUTATEN

1 Rezept sushi-*Reis (siehe S. 60)*
2 ½ nori-*Blätter, halbiert*
1 Gurke
2 takuwan-*Streifen, 0,5 cm x 19 cm groß*
2,5 TL Sesamkörner, geröstet
etwas wasabi

❶ Die Gurke längs in Streifen von 0,5 cm x 19 cm schneiden.

❷ *Nori* auf eine Bambusmatte oder auf ein mit Plastikfolie bedecktes Schneidebrett legen. Reis gleichmäßig auf dem *nori* verteilen, dabei einen 1,5 cm breiten Streifen am hinteren Rand freilassen. Mit der Fingerspitze ein wenig *wasabi*-Paste auf dem Reis verstreichen.

❸ Einen der Gurkenstreifen auf den Reis legen und ½ TL geröstete Sesamkörner darüberstreuen.

❹ Das Ganze zusammenrollen (siehe S. 65). Der *nori* klebt durch die Feuchtigkeit des Reises zusammen. Auf die gleiche Weise noch zwei *hoso-maki* mit Gurke und zwei mit *takuwan* formen. Jede Rolle wird mit einem scharfen, in Essig getauchten Messer in fünf gleiche Stücke geschnitten.

ZERTEILEN DER GURKE UND DES *TAKUWAN*

Von der Gurke einen etwa 1 cm dicken Streifen abschneiden. Den Streifen flach hinlegen und längs in 3 annähernd gleich breite Streifen schneiden. Mit dem takuwan *wird ebenso verfahren.*

DICKE *SUSHI*-ROLLEN

FUTO-MAKI ZUSHI

Man könnte meinen, daß es großer Geschicklichkeit und Erfahrung bedarf, um ein gutes *futo-maki* zuzubereiten, aber bereits nach ein paar praktischen Versuchen hat man den Bogen raus. Auf jeden Fall werden Ihre Gäste von einem gut zubereiteten *futo-maki* beeindruckt sein.

ZUTATEN

1 Rezept Sushi-Reis (*siehe S. 60*)

3 *Shiitake-Pilze, gewaschen und in 50 ml Wasser gequollen*

1 *TL feiner Zucker*

1 *TL Sojasoße*

2 nori-*Blätter*

6 surimi (*in Stäbchenform gepreßtes Krebsfleisch*)

1 *Bund Kresse*

FÜR DAS OMELETT

1 *Ei, verquirlt*

1 *TL feiner Zucker*

1 *Prise Salz*

Pflanzenöl zum Braten

❶ Für die Füllung die Pilze kleinschneiden und mit dem Einweichwasser, dem Zucker und der Sojasoße in einen Topf geben. Zum Kochen bringen und 5 Minuten köcheln lassen. Das verquirlte Ei in einer Schüssel mit dem Salz und Zucker gut verrühren. Das Öl in einer Pfanne erhitzen und ein Omelett nach japanischer Art zubereiten (siehe S. 52). Das Omelett abkühlen lassen und längs in 3 Streifen schneiden.

❷ Ein Blatt *nori* auf eine Bambusmatte oder eine Frischhaltefolie auf einem Schneidebrett legen. Reis darauf verteilen und einen 2,5 cm breiten Streifen am hinteren Rand freilassen.

❸ Nun die Hälfte von Omelett, Pilzen, *surimi* und Kresse in Reihen nebeneinander auf das Reisbett legen. Dabei bleibt zwischen den Zutaten jeweils ein schmaler Streifen Reis frei.

4 Den vorderen Rand des *nori*-Blattes nun anheben und dabei den vorn liegenden Omelettstreifen festhalten. Dann das *nori*-Blatt in einem Zug bis zum hinteren Rand über die restlichen Zutaten klappen. Die vordere Kante des *nori* hinten mit den Fingern leicht unter den Reis schieben. Die *nori*-Rolle so in die Bambusmatte einrollen, daß die Nahtstelle unten liegt.

5 Mit einer Hand den Rest der Unterlage festhalten, mit der anderen die Rolle zu sich hin ziehen und dadurch das *futo-maki* fest zusammmenrollen. Zum Schluß die Unterlage durch leichtes Klopfen mit den Handflächen an den Enden der Rolle gerade richten. Nun das fertige *futo-maki* vorsichtig aus der Bambusmatte herausrollen. Mit den restlichen Zutaten genauso verfahren. Die fertigen Rollen werden in daumendicke Scheiben geschnitten. Dazu das Messer in Essig tauchen, damit der Reis nicht an der Klinge kleben bleibt. Das *futo-maki* auf einer großen Platte servieren. Die Scheiben werden einzeln von der Platte genommen und vor dem Verzehr in das eigene Schälchen mit Sojasoße getaucht.

LACHSROGEN-*SUSHI*

IKURA-ZUSHI

Lachsrogen ist ein teure, aber sehr beliebte Zutat in Japan. Diese *sushi*-Variante ist sehr dekorativ. Servieren Sie sie als Vorspeise oder zusammen mit *sushi*-Rollen oder *inari-zushi* (siehe S. 67) als Hauptgericht.

ZUTATEN

4 EL sushi-Reis (siehe S. 60)
4 nori-Streifen, 3,5 cm x 12,5 cm groß
2 Gurkenscheiben, halbiert
4 TL Lachsrogen

1. Mit angefeuchteten Handflächen aus je 1 EL Reis einen Würfel formen.
2. Jeden Würfel auf einen Streifen *nori* legen. *Nori* um den Würfel wickeln und die Würfel auf einen Teller legen.
3. Auf jeden Reiswürfel eine Gurkenscheibe und darauf 1 TL Lachsrogen geben. Mit einem Spritzer Sojasoße servieren.

SUSHI AUS BOHNENQUARK

INARI-ZUSHI

Inari-zushi, diese süß schmeckenden, mit Reis gefüllten *sushi*-Taschen, können zusammen mit anderen *sushi*-Gerichten oder für sich, als wohlschmeckender und sättigender Imbiß, gegessen werden. Beachten Sie beim Reiskochen bitte die Anweisungen für die Zubereitung von *sushi*-Reis.

ZUTATEN

½ *Menge* sushi-Reis (*siehe S. 60*)
2 *Scheiben* abura-age
120 *ml* dashi (*siehe S. 13*)
1 ½ *EL feiner Zucker*
1 *EL* mirin
2 *TL Sojasoße*
1 *TL geröstete Sesamkörner*

❶ *Abura-age* mit Hilfe eines Eßstäbchens vorsichtig ausrollen und in einem Sieb mit heißem Wasser waschen. Halbieren und für die Füllung vorsichtig einschneiden, so daß eine »Tasche« entsteht.

❷ *Dashi, mirin,* Sojasoße und *abura-age* in einem Topf zum Kochen bringen und etwa 20 Minuten köcheln lassen, bis die Flüssigkeit fast verdampft ist. *Abura-age* mit Alufolie bedecken und weiter köcheln lassen, bis die gesamte Restflüssigkeit aufgesogen ist.

❸ *Abura-age* herausnehmen und auf einer Platte abtropfen lassen, bis es trocken ist.

❹ Den *sushi*-Reis mit den Sesamkörnern mischen und in 4 gleiche Portionen teilen. Die aufgeschnittenen *abura-age*-Scheiben mit dem Reis füllen und die Ränder zusammendrücken.

JAPANISCHE REISBÄLLCHEN

ONIGIRI

Onigiri ist einfach in der Zubereitung und wird zu jeder Tageszeit gegessen. Es stillt den kleinen Hunger zwischen den Mahlzeiten, wird aber auch als Beilage gereicht. Die Bezeichnung »Bällchen« ist etwas irreführend, denn die Form des fertigen Produktes ähnelt mehr einem Dreieck.

Nehmen Sie unbedingt japanischen Reis, denn andere Sorten kleben beim Kochen nicht so stark zusammen.

ZUTATEN

175 g japanischer Rundkornreis, gut abgespült
1 Prise Bonito-Flocken
3/4 EL Sojasoße
1 eingelegte japanische Pflaume (ume-boshi), entkernt und halbiert
4 nori-Streifen, 5 cm x 15 cm groß

❶ Den Reis so lange waschen, bis das Wasser klar bleibt.

❷ Wie *sushi*-Reis zubereiten (siehe S. 60), aber ohne die Zugabe von *sushi-zu*.

❸ Den Reis vor der Weiterverarbeitung erkalten lassen. Die *Bonito*-Flocken mit Sojasoße zu einer Paste verrühren.

❹ Die Hände anfeuchten und mit Salz bestreuen. (Muß bei jedem Bällchen wiederholt werden.) Aus 3 gehäuften EL Reis eine kleine Kugel formen.

❺ In die Mitte der Kugel ein kleines Loch drücken und es entweder mit der Hälfte der *Bonito*-Paste oder mit einer halben japanischen Pflaume füllen.

❻ Das Loch wird beim Umformen der Kugel zu einem Dreieck geschlossen.

❼ Jedes Dreieck mit einem Streifen *nori* umwickeln.

GEMISCHTER REIS

MAZE-GOHAN

Dieser gemischte Reis nach japanischer Art ist leicht zuzubereiten und kann als Hauptgericht mit Suppe und Salat oder statt einfachem Reis als Beilage gereicht werden.

ZUTATEN

175 g japanischer Rundkornreis	*1 EL Zucker*
50 g Möhren, geschält und in kurze Stifte geschnitten	*1 ½ EL Sojasoße*
3 Shiitake-Pilze, in kurze Stifte geschnitten	*3 Zuckerschoten*
½ Scheibe abura-age, *in heißem Wasser gereinigt und in kurze Stifte geschnitten*	*1 Prise Salz*
1,5 cm koya dofu, *5 Minuten in Wasser eingeweicht und in kurze Stifte geschnitten*	*1 Ei*
125 ml dashi *(siehe S. 13)*	*½ EL Wasser*
	Pflanzenöl zum Braten
	2 Radieschen, in dünne Scheiben geschnitten

❶ Zuerst *sushi*-Reis zubereiten (siehe S. 60).

❷ Möhren, Shiitake-Pilze, Tofu, *abura-age*, *dashi*, Zucker und Sojasoße in einem Topf zum Kochen bringen und 15 Minuten köcheln lassen.

❸ In der Zwischenzeit die Zuckerschoten 3 Minuten in Salzwasser kochen, dann herausnehmen und schräg in feine Streifen schneiden.

❹ Das Ei mit Salz und Wasser verrühren. Das Öl in einer Pfanne erhitzen und 2 dünne Omeletts zubereiten. Abkühlen lassen, halbieren und in dünne Streifen schneiden.

❺ Wenn Schritt 2 beendet ist, werden die Zutaten mit dem *sushi*-Reis vermischt und auf einer großen Platte angerichtet. Mit Omelettstreifen, Zuckerschoten, *nori* und Radieschenscheiben garnieren.

HUHN UND EI AUF REIS

OYAKO-DON

In Japan wird dieses Gericht als »Eltern und Kind auf Reis« bezeichnet. Die Art der Zubereitung garantiert, daß das Hühnerfleisch zart und saftig bleibt. Bei diesem Gericht können Sie auch Langkornreis verwenden.

ZUTATEN

175 g Rundkornreis
150 ml dashi *(siehe S. 13)*
1 EL feiner Zucker
1 EL mirin
3 EL Sojasoße
2 Hühnerbrüste ohne Knochen, gewürfelt
1 mittelgroße Zwiebel, in Ringe geschnitten
1 Ei, verquirlt
Brunnenkresse zum Garnieren

❶ Den Reis entsprechend der Anweisungen auf der Packung waschen und kochen.

❷ *Dashi*, Zucker, *mirin* und Sojasoße in einer Bratpfanne zum Kochen bringen. Huhn und Zwiebeln zufügen und etwa 8 Minuten köcheln lassen, bis das Huhn gar ist.

❸ Das Ei darüber geben, aber nicht umrühren. Wenn das Ei gestockt ist, zum Garnieren mit Brunnenkresse bestreuen. Auf einem Reisbett servieren.

SUKIYAKI

SUKIYAKI

S*ukiyaki* wird – wie Fondue – immer am Tisch zubereitet, wobei sich die Gäste aus der Pfanne selbst bedienen. Die Pfanne wird dann mit dem Fleisch und den Gemüsen, die auf einer Platte daneben liegen, wieder aufgefüllt. Auf diese Weise bleibt es den Gastgebern erspart, die ganze Zeit in der Küche zu verbringen. In Japan benutzt man für *sukiyaki* eine spezielle, schwere Pfanne. Sie können aber genausogut jede große und tiefe Bratpfanne nehmen.

ZUTATEN

1 Würfel Nierenfett vom Rind (2 cm) oder 1 EL Pflanzenöl	200 g Tofu, längs halbiert und in Scheiben geschnitten
150 ml dashi (siehe S. 13)	300 g Chinakohl, längs halbiert und in Scheiben geschnitten
1 ½ EL Zucker	6 Shiitake-Pilze, halbiert
2 EL mirin	1 kurze Lauchstange, schräg in Scheiben geschnitten
1 EL sake	300 g Rindfleisch, hauchdünn geschnitten
2 ½ EL Sojasoße	2 rohe Eier (nach Wunsch)
1 mittelgroße Zwiebel, halbiert und in Scheiben geschnitten	

❶ Das Fett in einer Pfanne erhitzen und *dashi*, Zucker, *mirin*, *sake* und Sojasoße dazugeben. Zum Köcheln bringen, dann die Hälfte der Zwiebeln, des Tofus, des Chinakohls und der Shiitake-Pilze dazugeben, jede Sorte an einen eigenen Platz. Etwa 7 Minuten köcheln lassen und dann die Hälfte des Fleisches in die Mitte der Pfanne geben. Ein paar Minuten weiterköcheln lassen, bis alles gar ist.

❷ Die Eier in 2 Schälchen aufschlagen und verquirlen. Die heißen Speisen nach und nach aus der Pfanne nehmen, in das rohe Ei tauchen und zusammen mit Reis verzehren. Die Pfanne so lange auffüllen wie nötig.

KABELJAUTOPF mit Chinakohl

TARA TO HAKUSAI NO NABE

Dieses sehr beliebte Wintergericht wird normalerweise am Tisch auf einem transportablen Elektro- oder Gasöfchen zubereitet. Jeder Gast holt nach Bedarf sein Essen aus dem Topf und legt es in sein eigenes Schälchen. Der Topf wird dann wieder mit frischen Zutaten aufgefüllt. Sie benötigen eine feuerfeste Suppenschüssel von 20 cm Durchmesser.

ZUTATEN

900 ml Wasser

1 Stück getrockneter konbu *von 7 cm Länge*

1 kleine Lauchstange, diagonal in 1 cm breite Scheiben geschnitten

1 mittelgroße Zwiebel, in Scheiben geschnitten

2 Kabeljaufilets à 300 g, in mundgerechte Stücke geschnitten

200 g Chinakohl, der Länge nach halbiert und in 1 cm breite Streifen geschnitten

100 g momen *(fester Tofu), in 1 cm große Würfel geschnitten*

100 g Möhren, geschält und in dünne Scheiben geschnitten

4 Shiitake-Pilze, halbiert

6 Zuckerschoten

FÜR DAS *PONZU*-DRESSING

3 EL Sojasoße

1 EL Zitronensaft

1 EL Weinessig

1 EL mirin

½ EL Instantbrühe

ZUM SERVIEREN

1 Rettich à 450 g, geschält, geraspelt und leicht ausgedrückt

1 Prise Sieben-Gewürze-Pulver (erhältlich in asiatischen Lebensmittelgeschäften) oder Chilipfeffer

1. Das Wasser und den *konbu* in einer feuerfesten Schüssel zum Kochen bringen. Die Hälfte von Lauch, Zwiebeln, Kabeljau, Chinakohl, Tofu, Möhren, Shiitake-Pilzen und Zuckerschoten dazugeben; dabei jedem Gemüse einen eigenen Platz zuweisen. Etwa 5–8 Minuten köcheln lassen, bis die Gemüse gar sind.

2. Währenddessen die Sojasoße mit Zitronensaft, Essig, *mirin* und Instantbrühe gut verrühren.

3. Wenn die Schüssel halbleer ist, wieder mit rohen Zutaten auffüllen.

ZUM SERVIEREN

2 EL Rettich und 1 EL ponzu*-Dressing in jedes Servierschüsselchen geben.*

So wie man die Speisen aus der Schüssel nimmt, werden sie in das Dressing getaucht und gegessen. Mag man es etwas schärfer, kann man ein wenig Sieben-Gewürze-Pulver dazugeben. Bei Bedarf ponzu*-Dressing und Rettich nachreichen. Mit Reis zusammen servieren.*

NUDELN in Sojasoßensuppe

SHOYU-RAMEN

Bei den in Japan sehr beliebten *ramen* handelt es sich ursprünglich um chinesische Nudeln, die man dem japanischen Geschmack angepaßt hat. Sie werden sowohl frisch als auch getrocknet angeboten. Die Kochzeiten für beide Sorten sind ungefähr gleich, aber getrocknete Nudeln halten sich natürlich länger. Eine *ramen*-Suppe kann man einige Tage im Kühlschrank aufbewahren oder auch einfrieren. Die Suppe wird mit unterschiedlichen Zutaten verfeinert, doch am beliebtesten sind geschmolzene Butter und Zuckermais.

ZUTATEN

FÜR DIE BRÜHE DER NUDELSUPPE (ERGIBT 1,5 L SUPPE)

300 g Hühnerknochen, grobgehackt
2 Schweineknochen
½ Lauchstange
2,5 cm Ingwerwurzel, geschält und halbiert
1 große Knoblauchzehe, geschält und halbiert
2,25 l Wasser

FÜR DIE SOJASOSSENSUPPE

250 g frische ramen
600 ml Nudelsuppe
3 EL Sojasoße
½ TL Salz
1 Prise frisch gemahlener schwarzer Pfeffer

FÜR DIE ZUGABEN

8 EL Zuckermaiskkörner
3 Frühlingszwiebeln, kleingeschnitten
20 g Butter, in zwei Portionen geteilt

❶ Für die Nudelsuppe Hühner- und Schweineknochen überbrühen; dann mit Wasser, Lauch, Ingwer und Knoblauch in einem großen Topf 1 Stunde köcheln lassen, dabei gelegentlich den Schaum abschöpfen. Die Suppe durch ein Sieb gießen. Die Hitzezufuhr reduzieren, um ein Weiterkochen zu verhindern (sonst wird die Flüssigkeit trübe).

❷ Die Nudeln etwa 2–2½ Minuten kochen. Abtropfen lassen und in einzelne Schüsseln verteilen.

❸ 600 ml der Brühe zusammen mit Sojasoße, Salz und Pfeffer aufkochen lassen und in die Schüsseln gießen. 4 EL Zuckermais, die Frühlingszwiebeln und die Butter auf die Nudeln geben. So rasch wie möglich verzehren, da die Nudeln sonst die Suppe aufsaugen und weich werden.

MISO-SUPPE MIT RAMEN

MISO RAMEN

Ramen gilt als japanisches *Fast-food*. In dieser Variante ergänzen sich die Aromen von gebratenem Knoblauch, Sesamöl, *miso*-Paste und Chili auf wunderbare Weise. Es ist schwierig, japanische Nudeln geräuschlos zu essen. Tatsächlich schmeckt es um so besser, je mehr man schlürft – das wird jedenfalls behauptet.

ZUTATEN
250 g frische ramen
600 ml Brühe (siehe S. 74)
½ TL Salz
1 Prise frisch gemahlener schwarzer Pfeffer
2 TL Sesamöl
2 TL geröstete Sesamkörner
3 EL miso-Paste

FÜR DIE ZUGABEN
1 EL Sesamöl
175 g Bohnenkeime
1 große Knoblauchzehe, in feine Scheiben geschnitten
½ rote Paprikaschote, in dünne Streifen geschnitten
1 Prise Chilipulver
1 Prise Salz

1. Nudeln 2 Minuten in Wasser kochen. Abtropfen lassen und in die einzelnen Schüsseln geben.

2. Brühe, Salz und Pfeffer in einem Topf erhitzen. Wenn es kocht, Sesamöl und Sesamkörner dazugeben und rühren, bis die *miso*-Paste völlig aufgelöst ist.

3. In der Zwischenzeit das Öl in einer Bratpfanne erhitzen und Bohnenkeime, Knoblauch und Paprikastreifen unter Rühren kurzbraten. Salz und Chilipulver darüberstreuen. Die Gemüse auf die Nudeln geben und die *miso*-Suppe darüber gießen. Sofort servieren und verzehren.

BUCHWEIZENNUDELN

mit fritierten Garnelen

TEMPURA SOBA

Soba sind aus Buchweizen hergestellte dunkle Nudeln, die genau wie *ramen* frisch und getrocknet erhältlich sind. *Soba* gelten in Japan als sehr gesundes Nahrungsmittel. Und in Kombination mit den Garnelenschwänzen wird aus einer gesunden Mahlzeit eine Delikatesse.

ZUTATEN
2 Riesengarnelen
etwas Mehl
4 Shiitake-Pilze
150 g getrocknete soba
FÜR DEN TEIG
2 EL Mehl
1/2 Ei, verquirlt
4 EL Wasser

FÜR DIE SUPPE
600 ml dashi (siehe S. 13)
1 TL Salz
2 TL feiner Zucker
2 EL mirin
2 EL Sojasoße
2 Frühlingszwiebeln, gehackt

❶ Für den Teig Mehl, Ei und Wasser verrühren. Die Garnelen erst in Mehl, dann in Teig wälzen. Pilze in den Teig tauchen. Öl auf 180 °C erhitzen und Garnelen und Pilze darin goldbraun fritieren.

❷ Einen großen Topf mit Wasser zum Kochen bringen. *Soba* darin 3 Minuten kochen. Kurz kalt abspülen und abtropfen lassen. *Soba* gleichmäßig auf 2 Schüsseln verteilen.

❸ *Dashi*, Salz, Zucker, *mirin* und Sojasoße in einem Topf zum Kochen bringen. Über die Nudeln gießen.

❹ In jede Schüssel 1 Garnele und 2 Pilze geben und mit Frühlingszwiebeln bestreuen.

WEIZENNUDELN mit Ei

KAKITAMA-UDON

Udon nennen die Japaner Nudeln, die aus Weizenmehl hergestellt werden. Sie sind wegen ihrer wärmenden Wirkung in den Wintermonaten sehr beliebt. *Udon* sind in verschiedenen Größen und Formen erhältlich: flach oder rund, fingerdick oder dünn wie Spaghetti.

ZUTATEN

300 *g frische* udon

FÜR DIE SUPPE

600 *ml* dashi *(siehe S. 13)*

1 *TL Salz*

2 *TL feiner Zucker*

2 *EL* mirin

2 *EL Sojasoße*

1 *Ei, verquirlt*

2 *TL Maismehl*

2 *TL Wasser*

2 *Frühlingszwiebeln, gehackt*

❶ Wasser in einem großen Topf zum Kochen bringen. *Udon* darin 2 Minuten kochen. Abtropfen lassen und auf 2 Schüsselchen verteilen.

❷ *Dashi*, Salz, Zucker, *mirin* und Sojasoße in einem Topf zum Kochen bringen. Zwei Drittel der Flüssigkeit in die Schüsselchen gießen. Den Rest wieder aufkochen. Langsam das Ei zugeben und leicht verrühren, so daß beim Aufsteigen an die Oberfläche farnähnliche Strukturen entstehen.

❸ Maismehl und Wasser zu einer Paste verrühren und die Suppe damit andicken. Eiermischung in die Schüsselchen gießen. Mit Frühlingszwiebeln bestreuen und sofort servieren.

GLOSSAR

Abura-age Fritierter, dünner Sojabohnenquark. Normalerweise dünn geschnitten als Garnierung benutzt oder zu einer Tasche aufgeschlitzt und mit Reis gefüllt. *Abura-age* hält sich im Kühlschrank nicht länger als 48 Stunden, kann aber tiefgefroren werden.

Konbu Getrockneter Seetang. Besitzt einen hohen Jodgehalt und enthält außerdem noch etliche andere wichtige Mineralien. *Konbu* darf nicht zu lange gekocht werden, weil er sonst bitter wird. Vor dem Kochen nur feucht abwischen; nicht abspülen, weil sonst viele wasserlösliche Nährstoffe verloren gehen.

Koya dofu Gefriergetrockneter Tofu, der getrocknet bis zu sechs Monaten haltbar ist. Zum Verarbeiten in Wasser einweichen, bis er aufquillt und eine schwammartige Konsistenz annimmt.

Mirin Japanischer Kochwein, der nur wenig Alkohol enthält. Der sirupartige Reiswein verleiht den Gerichten einen süßen Beigeschmack.

Miso Eine Paste, die aus gekochten und fermentierten Sojabohnen unter Zusatz einer japanischen Hefe (*koji*) hergestellt wird. *Miso* ist eine Erfindung der japanischen Küche und dort nicht mehr wegzudenken. Man verwendet sie zum Aromatisieren und als Grundlage für Soßen und Marinaden. Die Paste ist sehr eiweißreich und hält sich im Kühlschrank mehrere Monate. Man unterscheidet zwischen der weißen Paste (*shiro miso* auf Reisbasis) und der rötlichen Paste (*aka miso* auf Gerstenbasis). Die weiße Paste wird gerne für Suppen verwendet, während die rötliche als Allzweckgewürz und für Gerichte mit intensiverem Geschmack eingesetzt wird.

Nori *Nori* ist die am häufigsten verwendete Seetangart und wird in Form von papierdünnen Blättern verkauft. Vor der Weiterverwendung werden die Blätter kurz unter dem Grill geröstet, bis sich die Farbe von Tintenschwarz zu Dunkelgrün verändert. *Nori* ist auch bereits vorgeröstet erhältlich. Achten Sie beim Kauf also darauf, welche Sorte Sie erwerben.

Reisessig Japanischer Reisessig (*su*) wird aus vergorenem Reis hergestellt. Klarer *su* ist weit verbreitet und eignet sich gut zum Würzen von *sushi*. Brauner *su*, die ungefilterte Grundlage für klaren *su*, kann für jedes Gericht verwendet werden, bei dem die Farbe des Essigs nicht wichtig für den Gesamteindruck des Gerichtes ist.

Sake Japanischer Reiswein, der nicht nur in Japan, sondern auch in den Vereinigten Staaten hergestellt wird. Bei uns ist er in vielen Supermärkten erhältlich. *Sake* wird in der japanischen Küche nur äußerst sparsam verwendet. Sie können ihn gegebenenfalls auch durch trockenen Sherry ersetzen.

Shiitake-Pilze, getrocknete Die in der japanischen Küche am häufigsten verwendeten Pilze. In Geschmack und Konsistenz unterscheidet sich der Shiitake ganz deutlich von anderen Pilzarten. Getrocknete Pilze müssen vor der Weiterverwendung 30 Minuten in Wasser quellen. Das Wasser kann später für die Zubereitung von Fischbrühe (*dashi*) verwendet werden.

Sojasoße Ein unverzichtbarer Bestandteil der japanischen Küche. Die Mischung aus vergorenen Sojabohnen, Weizen

GLOSSAR

und Salz ist leichter und süßer als die chinesische Sojasoße. Japanische Marken wie Kikkoman sind heutzutage in vielen Supermärkten erhältlich.

Wakame Seekohl, der gerne für japanische Suppen und Salate verwendet wird. *Wakame* wird vor dem Gebrauch kurz in heißes Wasser getaucht und darf auch nur kurz gekocht werden. Getrockneter *wakame* wird vor der Weiterverarbeitung fünf Minuten in kaltem Wasser eingeweicht.

Wasabi *Wasabi* wird des öfteren fälschlich als »Meerrettich« übersetzt. Es handelt sich jedoch um ein gemahlenes Produkt der *wasabia japonica,* einer japanischen Pflanze, die an Flußufern wächst. Wie englischer Senf ist *wasabi* als Fertigprodukt oder gemahlen erhältlich. Wählen Sie im Zweifelsfall die Pulverform, die zu Hause mit etwas Wasser angerührt wird, weil die Fertigprodukte sehr rasch an Geschmack verlieren.

REGISTER